Mes meilleures recettes

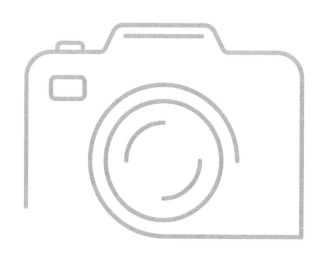

Recette

n°1 _____

n°2 _____

n°3 _____

n°4 _____

n°5 _____

n°6 _____

n°7 _____

n°8 _____

n°9 _____

n°10 _____

n°11 _____

n°12 _____

n°13 _____

n°14 _____

n°15 _____

n°16 _____

n°17 _____

n°18 _____

n°19 _____

n°20 _____

n°21 _____

n°22 _____

n°23 _____

Recette

n°24

n°25

n°26

n°27

n°28

n°29

n°30

n°31

n°32

n°33

n°34

n°35

n°36

n°37

n°38

n°39

n°40

n°41

n°42

n°43

n°44

n°45

Recette n°1 _____

parts _____ temps de préparation _____ temps de cuisson _____ température du four _____ évaluation ☆☆☆☆☆

Ingrédients

illustration

Astuces

Préparation

Préparation

Recette   n°2

parts

temps de
préparation

temps de
cuisson

température
du four

évaluation

Ingrédients

illustration

Astuces

Préparation

Préparation

Recette n°3

parts

temps de préparation

temps de cuisson

température du four

évaluation

Ingrédients

illustration

Astuces

Préparation

Préparation

Recette n°4

parts

temps de préparation

temps de cuisson

température du four

évaluation

Ingrédients

illustration

Astuces

Préparation

Préparation

Recette n°5

parts

temps de préparation

temps de cuisson

température du four

évaluation

Ingrédients

illustration

Astuces

Préparation

Préparation

Recette n°6

parts

temps de préparation

temps de cuisson

température du four

évaluation

Ingrédients

illustration

Astuces

Préparation

Préparation

Recette n°7

parts

temps de préparation

temps de cuisson

température du four

évaluation

Ingrédients

illustration

Astuces

Préparation

Préparation

Recette n°8

parts

temps de préparation

temps de cuisson

température du four

évaluation

Ingrédients

illustration

Astuces

Préparation

Préparation

Recette n°9

parts

temps de préparation

temps de cuisson

température du four

évaluation

Ingrédients

illustration

Astuces

Préparation

Préparation

Recette n°10

parts

temps de préparation

temps de cuisson

température du four

évaluation

Ingrédients

illustration

Astuces

Préparation

Préparation

Recette n°11

parts

temps de préparation

temps de cuisson

température du four

évaluation

Ingrédients

illustration

Astuces

Préparation

Préparation

Recette n°12

parts

temps de préparation

temps de cuisson

température du four

évaluation

Ingrédients

illustration

Astuces

Préparation

Préparation

Recette n°13

parts

temps de préparation

temps de cuisson

température du four

évaluation

Ingrédients

illustration

Astuces

Préparation

Préparation

Recette n°14

parts

temps de préparation

temps de cuisson

température du four

évaluation

Ingrédients

illustration

Astuces

Préparation

Préparation

Recette n°15

parts

temps de préparation

temps de cuisson

température du four

évaluation

Ingrédients

illustration

Astuces

Préparation

Préparation

Recette n°16

parts

temps de préparation

temps de cuisson

température du four

évaluation

Ingrédients

illustration

Astuces

Préparation

Préparation

Recette n°17

parts

temps de
préparation

temps de
cuisson

température
du four

évaluation

Ingrédients

illustration

Astuces

Préparation

Préparation

Recette n°18

parts

temps de préparation

temps de cuisson

température du four

évaluation

Ingrédients

illustration

Astuces

Préparation

Préparation

Recette n°19

parts   temps de préparation   temps de cuisson   température du four   évaluation

Ingrédients

illustration

Astuces

Préparation

Préparation

Recette n°20

parts

temps de préparation

temps de cuisson

température du four

évaluation

Ingrédients

illustration

Astuces

Préparation

Préparation

Recette n°21

parts

temps de préparation

temps de cuisson

température du four

évaluation

Ingrédients

illustration

Astuces

Préparation

Préparation

Recette n°21

parts

temps de préparation

temps de cuisson

température du four

évaluation

Ingrédients

illustration

Astuces

Préparation

Préparation

Recette n°22

parts

temps de préparation

temps de cuisson

température du four

évaluation

Ingrédients

illustration

Astuces

Préparation

Préparation

Recette n°23

parts   temps de préparation   temps de cuisson   température du four   évaluation

Ingrédients

illustration

Astuces

Préparation

Préparation

Recette n°24

parts

temps de préparation

temps de cuisson

température du four

évaluation

Ingrédients

illustration

Astuces

Préparation

Préparation

Recette n°25

parts

temps de préparation

temps de cuisson

température du four

évaluation

Ingrédients

illustration

Astuces

Préparation

Préparation

Recette n°26

parts

temps de préparation

temps de cuisson

température du four

évaluation

Ingrédients

illustration

Astuces

Préparation

Préparation

Recette n°27

parts

temps de préparation

temps de cuisson

température du four

évaluation

Ingrédients

illustration

Astuces

Préparation

Préparation

Recette n°28

parts

temps de
préparation

temps de
cuisson

température
du four

évaluation

Ingrédients

illustration

Astuces

Préparation

Préparation

Recette n°29

parts

temps de préparation

temps de cuisson

température du four

évaluation

Ingrédients

illustration

Astuces

Préparation

Préparation

Recette n°30

parts

temps de préparation

temps de cuisson

température du four

évaluation

Ingrédients

illustration

Astuces

Préparation

Préparation

Recette n°31

parts

temps de préparation

temps de cuisson

température du four

évaluation

Ingrédients

illustration

Astuces

Préparation

Préparation

Recette n°32

parts

temps de préparation

temps de cuisson

température du four

évaluation

Ingrédients

illustration

Astuces

Préparation

Préparation

Recette n°33

parts

temps de préparation

temps de cuisson

température du four

évaluation

Ingrédients

illustration

Astuces

Préparation

Préparation

Recette n°34

parts

temps de préparation

temps de cuisson

température du four

évaluation

Ingrédients

illustration

Astuces

Préparation

Préparation

Recette n°35

parts

temps de préparation

temps de cuisson

température du four

évaluation

Ingrédients

illustration

Astuces

Préparation

Préparation

Recette n°36

parts

temps de préparation

temps de cuisson

température du four

évaluation

Ingrédients

illustration

Astuces

Préparation

Préparation

Recette n°37

parts · temps de préparation · temps de cuisson · température du four · évaluation

Ingrédients

illustration

Astuces

Préparation

Préparation

Recette n°38

parts

temps de préparation

temps de cuisson

température du four

évaluation

Ingrédients

illustration

Astuces

Préparation

Préparation

Recette n°39

parts

temps de préparation

temps de cuisson

température du four

évaluation

Ingrédients

illustration

Astuces

Préparation

Préparation

Recette n°40

parts

temps de préparation

temps de cuisson

température du four

évaluation

Ingrédients

illustration

Astuces

Préparation

Préparation

Recette n°41

parts

temps de préparation

temps de cuisson

température du four

évaluation

Ingrédients

illustration

Astuces

Préparation

Préparation

Recette n°42

parts

temps de préparation

temps de cuisson

température du four

évaluation

Ingrédients

illustration

Astuces

Préparation

Préparation

Recette n°43

parts

temps de préparation

temps de cuisson

température du four

évaluation

Ingrédients

illustration

Astuces

Préparation

Préparation

Recette n°44

parts

temps de préparation

temps de cuisson

température du four

évaluation

Ingrédients

illustration

Astuces

Préparation

Préparation

Recette n°45

parts

temps de préparation

temps de cuisson

température du four

évaluation

Ingrédients

illustration

Astuces

Préparation

Préparation

Notes

Notes

Notes

Notes

Notes

Notes

Notes

Printed in France by Amazon
Brétigny-sur-Orge, FR

20541593R00085